Dossier zur Unterrichtsmaterialienreihe
›Wissen um globale Verflechtungen‹

IMPRESSUM

Globalgeschichtliche Perspektiven und Globales Lernen im Geschichtsunterricht. Konzeptionelle Überlegungen zur Unterrichtsmaterialienreihe ›Wissen um globale Verflechtungen‹

AutorInnen dieses Dossiers
Michele Barricelli, Lars Deile, Olaf Kaltmeier, Jochen Kemner, Susanne Popp, Jörg van Norden

Gestaltung
Nathow & Geppert

Umsetzung
Matthias Langner

Druck
2018, Kipu-Verlag
Getragen vom Förderverein Interamerikanische Studien e. V. Bielefeld

ISSN 2366-4916
ISBN 9 783946 507079

Entstanden im Rahmen des Projektes ›Die Amerikas als Verflechtungsraum‹, finanziert durch das BMBF (Bundesministerium für Bildung und Forschung)

Reihe
Wissen um globale Verflechtungen

Reihenherausgeber
Center for InterAmerican Studies (CIAS) an der Universität Bielefeld

Koordination der Reihe
Olaf Kaltmeier, Jochen Kemner, Nicole Schwabe

Anschrift
Universität Bielefeld
PF 100131
D-33501 Bielefeld

Internetseite
www.uni-bielefeld.de/cias/unterrichtsmaterialien

Kontakt
GlobalesLernen@uni-bielefeld.de

Inhaltsverzeichnis

JOCHEN KEMNER, OLAF KALTMEIER:

EINLEITUNG – GLOBALGESCHICHE IM SCHULUNTERRICHT AUS DER PERSPEKTIVE DER AREA STUDIES

Die Welt rückt immer stärker zusammen. Dies ist beileibe keine neue Erkenntnis, sondern in unzähligen Diskussionen und Publikationen immer wieder als Folge der Beschleunigung der Globalisierung seit den 1990er Jahren als ein scheinbar alternativloses Zeichen unserer Zeit hervorgehoben worden. Mit all seinen Facetten von der Expansion der Weltwirtschaft zur interkontinentalen Migration und kultureller Homogenisierung, fasst „Globalisierung" als Schlagwort Phänomene zusammen, die in der Öffentlichkeit als zentrale gesellschaftliche Herausforderungen unserer Gegenwart wahrgenommen werden und die Zukunft noch stärker bedingen werden. Ein Wissen globaler Zusammenhänge, die über die enge lokale Lebenswelt hinausreicht, sollte somit für Heranwachsende von zentrale Bedeutung sein, um sich zukünftig zurechtfinden zu können.

Man kann sicherlich nicht sagen, dass Schule sich diesen Bedingungen verschließt. Im unterschiedlichen Maße sind alle Schulfächer von diesen Prozessen betroffen. Dies gilt nicht zuletzt für den Geschichtsunterricht, denn trotz aller gegenwärtigen durch Transport- und Kommunikationsfortschritte bedingten Schübe handelt es sich bei den unter Globalisierung zusammengefassten Entwicklungen nicht um neue Phänomene. Weltumspannende Transfers und Verflechtungen hat es auch in früheren Zeiten gegeben. Sie zu entdecken und zu hinterfragen, kann SchülerInnen helfen, deren Ausprägungen in der Gegenwart besser einordnen zu können. Es gibt somit gute Gründe, weshalb der Geschichtsunterricht sich dieser historischen Perspektive auf diese Themen annehmen sollte.

Ein Blick in die aktuellen Lehrpläne des Unterrichtsfaches Geschichte zeigt jedoch, dass die Praxis noch weit davon entfernt ist, diese Erwartungen zu erfüllen. Dies zeigt sich nicht zuletzt daran, dass außereuropäische Themen weiterhin nur an wenigen Stellen im Geschichtsunterricht zu finden sind: etwa im Kontext des mittelalterlichen Kulturkontakts zwischen Christentum, Islam und Judentum im Nahen Osten, dem frühneuzeitlichen Zeitalter der „Entdeckungen und Eroberungen", eingeläutet mit der europäischen Inbesitznahme der Amerikas im 15./16. Jahrhundert sowie der Hochphase des modernen Imperialismus im späten 19. Jahrhundert, die vielfach in die Vorgeschichte des Ersten Weltkriegs eingebettet wird. Die Geschichte der

USA, lange Zeit ein eigenständiges Thema des Geschichtsunterrichts, ist weiterhin in einigen Bundesländern präsent, im Kontext des Zeitalters der bürgerlichen Revolutionen (USA, Frankreich, Deutschland 1848) sowie der Blockkonfrontation im 20. Jahrhundert.

Während SchülerInnen in Deutschland so immerhin noch Einblicke in zentrale Umbruchphasen der Entwicklung der aktuell weiterhin bedeutendsten Weltmacht USA erlangen, ist Lateinamerika mit der Karibik historisch betrachtet im deutschen Geschichtsunterricht mittlerweile nahezu ein weißer Fleck, ein vermeintlich geschichtsloser Raum, ebenso wie Afrika und weite Teile Asiens, einmal abgesehen von der „Entdeckung" und „Erschließung" durch Kolumbus und die spanischen Eroberer. Eine Ausnahme stellte für einige Jahre das Land Niedersachen dar, in dem „Spanischer Kolonialismus" ein Halbjahresthema in der Einführungsphase der Oberstufe war.

Bodo von Borries (1990) und Michael Riekenberg (1992) haben bereits zu Beginn der 1990er Jahren in Aufsätzen das Bild Lateinamerikas in deutschen Geschichtslehrbüchern analysiert und dabei erhebliche Defizite identifiziert. Wie Riekenberg damals zu Recht feststellte, sind Schulbücher sicherlich nicht in erster Linie dafür verantwortlich, wie sich Vorstellungen über „andere" Kulturen und Weltregionen verankern. Dazu waren schon damals, und sind es heute erst recht, andere Medien und Vermittlungsformen viel wirkmächtiger. Dennoch sollte Schule einen Beitrag leisten, Vorurteile zu beseitigen und Stereotype über Unbekanntes zu hinterfragen.

Dass sich an diesen Zerrbildern auch im 21. Jahrhundert nicht vieles gebessert hat, hat zuletzt Roland Bernhard in einer Dissertation über Geschichtsmythen überzeugend anhand aktueller deutscher und österreichischer Geschichtsbücher und deren Darstellungen zum Themenkomplex „Entdeckung-Eroberung-Kolonisation" nachgewiesen. Weiterhin, so das Ergebnis seiner Analyse, werden historische Mythen jenseits fachwissenschaftlicher Diskurse tradiert. In einem außergewöhnlichen Fall weist er in einem österreichischen Lehrwerk allein 19 Fehler auf einer einzigen Schulbuchseite zum Thema „Sklaverei" nach. Und dabei handelt es sich nicht nur ereignisgeschichtlich um falsche Daten. Wäre es angesichts des Fortbestehens solcher Befunde nicht vielleicht sogar zielführender, statt verkürztes, zusammenhangsloses Halbwissen zu produzieren, lieber ganz auf diese Themenbereiche zu verzichten?

Als Lateinamerikahistoriker sollte man nicht zu dieser fatalistischen Einschätzung gelangen. Denn die Region bietet zahlreiche Anknüpfungspunkte, die sie für die Vermittlung zentraler Themen und Einsichten des Geschichtsunterrichts interessant machen, auch dies- und jenseits des traditionellen „Entdeckung-Eroberung"-Komplexes.

Wenn Fragen der Globalisierung im Geschichtsunterricht betrachtet werden, kann und sollte das koloniale Amerika als eine der ersten Weltregionen betrachtet werden, die beinahe vollständig von transkontinentaler Migration, Einbindung in globale Handelsnetze und Produktionsprozesse (z.B. der berühmt-berüchtigte, häufig falsch gelehrte und auf „Waren" reduzierte transatlantische „Dreieckshandel") betroffen war. Auch im Zeitalter der Revolutionen 1776-1848 und der Durchsetzung des Modells der Nationalstaaten manifestieren sich in Lateinamerika zentrale Entwicklungen zum Teil viel früher als in Europa. So findet das Modell des republikanischen Nationalstaates seine ersten flächendeckenden Umsetzungen im 19. Jahrhundert in den unabhängig gewordenen amerikanischen Staaten, lange bevor sich politische Repräsentationssysteme und Landesverfassungen in Westeuropa durchsetzten. Wenn von revolutionären Umwälzungen in dieser Zeit die Rede ist, sollte im Sinne eines global orientierten Geschichtsunterrichts der Blick durchaus auch in die französische Kolonie Saint Domingue gerichtet werden, in der parallel zur bürgerlichen Revolution in Frankreich Sklaven für ihre Freiheit kämpften und eine der umfassendsten sozialen Transformationen an der Zeitenwende zur Moderne stattfand. Und auch beim wiederaufkommenden Interesse am Imperialismus/Kolonialismus und seinen Folgen sollten die Kontinuitäten und Weiterentwicklungen zwischen der frühneuzeitlichen kolonialen Expansion in die Amerikas und der dem modernen (neo-) kolonialen Imperialimus, der zur Aufteilung Afrikas unter den europäischen Mächten führte, nicht übersehen werden.

Dass diese Themen weiterhin so wenig im Schulunterricht präsent sind, hat nicht nur etwas mit Stoffreduzierung und dem notwendigen Abstraktionsniveau zu tun. Stefan Rinke (2005) sieht die Verantwortung auch bei der Fachwissenschaft an den Universitäten, der er nicht gelungen sei, einer breiteren Öffentlichkeit zu vermitteln, dass sich durch die Beschäftigung mit Lateinamerika Einsichten vermitteln lassen, die Schülerinnen an deutschen Schulen helfen, historische Kompetenzen zu entwickeln. Ohne diesen fachwissenschaftlichen Input sei es nicht verwunderlich, wenn auch die Geschichtsdidaktik selber kein Interesse an dem Subkontinent zeige. Verkürzt gesagt; die einen reden nicht, so dass die anderen auch nichts hören können.

Der in dieser Publikation dokumenierte Workshop setzt an dieser kritischen Stelle an, indem er versucht, fachwissenschaftliche Expertise der Area Studies zu Lateinamerika mit geschichtsdidaktischen Überlegungen zu globalgeschichtlichen Perspektiven im Schulunterricht zusammenzuführen. Eingeladen hatte das Kompetenznetz Lateinamerika, ein Kooperationsprojekt historischer, ethnologischer, kulturwissenschaftlicher und soziologischer Institute bzw. Lehrstühle der Universitäten Bielefeld, Bonn, Hannover, Köln und Münster. Das Kompetenznetz Lateinamerika erforscht seit 2010, wie sich, unter Verwendung der Konzepte Ethnicity, Citizenship und Belonging, die historisch spezifischen und jeweils kontextabhängigen Ausprägungen von symbolischen Grenzziehungen, Ordnungs- und Zugehörigkeitsvorstellungen in verschiedenen Regionen Lateinamerikas, unter Bedingungen transnationaler Migration, entwickeln. Nach einer ersten Phase, in der die Forschung zu diesen Konzepten im Mittelpunkt stand, rückte ab 2014 der Transfer der wissenschaftlichen Ergebnisse in die Praxis außeruniversitärer Bildungsbereiche in den Fokus. Gefördert wurde das Kompetenznetz Lateinamerika von 2010-2016 durch das Bundesministerium für Bildung und Forschung im Rahmen der Initiative „Freiraum für Geisteswissenschaften" innerhalb des Förderschwerpunktes „Stärkung und Weiterentwicklung der Regionalstudien".

Als ein wichtiger Transferbereich wurde die Vermittlung wissenschaftlicher Erkenntnisse im Schulunterricht identifiziert. Als Ergebnis veröffentlicht das Center for InterAmerican Studies (CIAS) der Universität Bielefeld, eines der fünf Mitglieder des Kompetenzpools, seit 2015 in unregelmäßigen Abständen Hefte in der Unterrichtsmaterialeinreihe „Wissen um globale Verflechtungen". Ziel der Reihe ist es, neue Wege beim Wissenstransfer von der Universität in Schulen einzuschlagen, um die im akademischen Bereich geführten Forschungsdiskussionen für die schulische Unterrichtspraxis nutzbar zu machen. Seit 2016 übernehmen MitarbeiterInnen des CIAS-Projektes „Die Amerikas als Verflechtungsraum" federführend die Fortsetzung der Reihe.

Entsprechend des regionalen Fokus des Kompetenznetzes sowie des CIAS liegt der geographische Ausgangspunkt der Materialien in den Amerikas (von Kanada und den USA über Mexiko, die Karibik bis zu Mittel- und Südamerika). Hier manifestieren sich global bedeutsame Phänomene wie Migration, soziale Ungleichheiten, Ressourcenkonflikte, die Auswirkungen von Klima- und Umweltveränderungen, Umgang mit ethnischer Diversität, Kulturwandel, asymmetrische Handelsbeziehungen, Gewalt oder die Gegenwärtigkeit von Kolonialität. Trotz der vielfältigen Einflüsse, die etwa aufgrund der globalen Dominanz US-amerikanischer Kulturproduktion auch im Alltag von Jugendlichen in Deutschland präsent sind, liegen die Amerikas für die meisten Heranwachsenden außerhalb ihres persönlichen Erfahrungshorizontes. Dies führt dazu, dass sich viele klischeebehaftete und stereotype Vorstellungen verbreiten können, verstärkt häufig durch einseitige Mediendarstellungen. Dies führt dazu, dass sich viele klischeebehaftete und stereotype Vorstellungen verbreiten können, verstärkt häufig durch einseitige Mediendarstellungen (Vgl. Interkulturelles Globales Lernen am Beispiel der Amerikas. Konzeptionelle Überlegungen; URL: www.uni-bielefeld.de/cias/unterrichtsmaterialien/CIAS_Interkulturelles-Globales-Lernen.pdf).

Damit die Chance besteht, dass die Materialien auch tatsächlich im

Schulunterricht eingesetzt werden, geht die Konzeption der einzelnen Mappen immer von den aktuellen Kerncurricula aus und orientiert sich an den fächerspezifischen Kompetenzmodellen. Gerade im Fall des Geschichtsunterrichts und der aktuellen Lehrpläne zeigen sich jedoch schnell die Grenzen dieses Ansatzes: Länderübergreifend dominiert trotz aller Beteuerungen der Einbeziehung globalgeschichtlicher Perspektiven weiterhin ein nationalgeschichtlich fokussierter, europäisch eingerahmter Identitätsnarrativ, der nachzuzeichnen vorgibt, woher wir kommen, wer wir sind. Dieser Weg führt von den antiken Mittelmeerzivilisationen bis zur europäischen und deutschen (Wiederver-) Einigung. Im Verhältnis zu den Curricula der alten Bundesrepublik wie auch der DDR, haben sogar Aspekte des ›Kulturvergleichs‹, etwa mit Entwicklungen außereuropäischer ›Zivilisationen‹ (Osmanisches Reich, China/Japan im 20. Jahrhundert) an Bedeutung verloren. Auch der vor 20 Jahren im Geschichtsunterricht noch sehr präsente Kalte Krieg mit seinen weltweiten Konfliktherden[1] sowie der Nahostkonflikt und Probleme der ›Dritten Welt/Entwicklungsländer‹, rücken zeitgeschichtlich in den Hintergrund gegenüber der Fokussierung auf deutsch-deutsche-Geschichte sowie den Prozess der europäischen Einigung.

Um daran etwas zu ändern, sieht es das Kompetenznetz Lateinamerika als wichtig an, einen Dialog zu eröffnen zwischen FachwissenschaftlerInnen aus den außereuropäischen Regionalstudien mit GeschichtsdidaktikerInnen, Lehrkräften aus den Schulen sowie Lehramtsststudierenden, die zukünftig an Schulen das Fach Geschichte unterrichten werden. Ziel eines solchen Austausches soll es sein, gemeinsam zu überlegen, wie es unter den aktuellen Bedingungen des Geschichtsunterrichts möglich sein kann, globalgeschichtliche Perspektiven zu stärken. Die eingeladenen TeilnehmerInnen der Podiumsdiskussion erhielten vorab einen von Jörg van Norden verfassten Themenaufschlag, der einige grundsätzliche Thesen aufstellt. Michele Barricelli, Susanne Popp und Oliver Plessow brachten eigene Statements in die Diskussion ein. Michele Barricelli und Susanne Popp haben ihre Überlegungen dankenswerterweise noch einmal ausformuliert und dieser Dokumentation zur Verfügung gestellt. Den Abschluss bildet ein Beitrag von Lars Deile, geschrieben in der Absicht, die zentralen Forschungsstränge und Diskussionen rund um die Stellung globalgeschichtlicher Perspektiven im Geschichtsunterricht zu skizzieren und das Potenzial eines solchen Ansatzes zu veranschaulichen.

Die Herausgeber hoffen, mit dieser Dokumentation Argumente zu liefern, diesen Perspektiven bei zukünftigen Überarbeitungen von Lehrplänen ein stärkeres Gewicht zu geben. Gleichzeitig sollen aber auch Anregungen gegeben werden, wie auch im Rahmen der

1 Siehe hierzu Petersen, Mirko/ Nicole Schwabe (2018): Kalter Krieg in Lateinamerika. Hintergrundwissen für den Geschichts-unterricht, in: CIAS Unterrichtsmaterialienreihe ›Wissen um globale Verflechtungen‹, Dossier zu Mappe 5, kipu Verlag Bielefeld, URL: https://www.uni-bielefeld.de/cias/unterrichtsmaterialien/5_Dossier-Kalterkrieg.pdf.

derzeitig geltenden Kerncurricula des Faches Geschichte sinnvolle globalgeschichtliche Bezüge eingebracht werden können, die mehr sind als eine optionale Zusatzperspektive.

Literaturübersicht

Bernhard, Roland: Geschichtsmythen über Hispanoamerika. Entdeckung, Eroberung und Kolonisierung in deutschen und österreichischen Schulbüchern des 21. Jahrhunderts, Göttingen: V & R unipress 2013.

Riekenberg, Michael: Das Bild Lateinamerikas in deutschen Geschichtslehrbüchern, in: Uta George; Mark Arenhövel (Hg.): Lateinamerika: Kontinent vor dem Morgengrauen. Nachden-ken über ein schwieriges Verhältnis Lateinamerika und Deutschland, Münster: Unrast 1992, S. 13-26.

Rinke, Stefan: Neue Blicke in die Neue Welt: Lateinamerika im Geschichtsunterricht im Zeitalter der neuen Globalisierung, in: Michael Riekenberg (Hg.): Geschichts- und Politikunterricht zeitgemäß? Fragen und Bemerkungen aus der Sicht der Regionalwissenschaften, Leipzig: Leipziger Universitätsverlag 2005, S. 107-124.

von Borries, Bodo: Zwischen universalhistorischem Anspruch und eurozentrischer Praxis. Lateinamerika in Geschichtsbüchern der Bundesrepublik Deutschland, in: Michael Riekenberg (Hg.): Lateinamerika. Geschichtsunterricht, Geschichtslehrbücher, Geschichtsbewusstsein, Frankfurt 1990, S. 157-170.

JÖRG VAN NORDEN:

GEDANKENSPIELE ZU GLOBALGESCHICHTE UND GLOBALEM LERNEN

---

1. Die Freiheit universitärer Lehre und Forschung legt die Entscheidung, sich an diesem Ort mit Globalgeschichte zu beschäftigen, in die Hand der HistorikerInnen, ohne dass sie sie rechtfertigen müssen.

2. Indessen kommt Geschichtsdidaktik nicht umhin, sich stichhaltig mit der Auswahlproblematik auseinanderzusetzen, das heißt mit der Frage, welche Stoffe für zeitlich begrenztes institutionalisiertes Lernen, so in der Schule, thematisiert werden sollen. Wenn Globalgeschichte als Bereich bestimmter Stoffe zu verstehen ist, muss ihre Relevanz überzeugen, um unterrichtlich berücksichtigt zu werden. Ist sie ein Denkmuster, wäre sie zu historisieren.

3. Die seit den 70er Jahren angestammten Koordinaten geschichtsdidaktischer Normativität - Geschichtsbewusstsein, Narrativität und die entsprechenden Kompetenzen - helfen nicht weiter, weil sie formaler Natur sind und infolgedessen auf jeden Stoff Anwendung finden beziehungsweise jedem anderen Denkmuster vorgeordnet sind. Letztere sind dann beliebig.

3.1. Die in vielen Kernlehrplänen, etwa in Nordrhein-Westfalen, vorgesehene Sach-, Methoden-, Urteils- und Handlungskompetenz ist so formal angelegt, dass sie kaum noch das Attribut historisch verdient. Sie sachdienlich durch hermeneutische und narrative Kompetenz zu ersetzen, verlässt die Begründungszusammenhänge der Schulaufsicht, ist aber machbar. Hilft das aber weiter, wenn Auswahlentscheidungen anstehen?

3.2. Narration meint die Verknüpfung zeitlich differenter Ereignisse, die auf Fragen der Gegenwart antworten will. Die Erzähltypologie Rüsens formuliert eine Art Grammatik, die dazu dient, eigene Geschichten und die Anderer zu reflektieren und sie umzuerzählen. Was der Einzelne schließlich erzählt, ist seine Sache, sieht man naiverweise von Überwältigung, Sachzwängen und Machtsprüchen Dritter ab, die aber wenig hilfreich sind, die Relevanz von Globalgeschichte didaktisch zu begründen. Sie können also ausgeklammert werden. Mit dem Einzelnen sind in der Schule eben auch die einzelnen SchülerInnen gemeint, deren Fragen an die Geschichten möglicherweise nicht globalgeschichtlicher Natur sind. Dies verweist auf den alten Streit um die subjektiven und die objektiven Interessen der Lernenden.

3.3. Geschichtsbewusstsein beschränkt sich seit der Jeismannschen Wende nicht mehr auf nationale Geschichtsbilder, sondern bezeichnet abstrakte Denkoperationen (Analyse, Sachurteil, Werturteil), die Gegenwart, Vergangenheit und Zukunft miteinander verbinden. Von den Zeitebenen ist es nur ein kleiner Schritt zur Narrativität und zur Orientierung im Hier und Jetzt, von denen Rüsen spricht. Wenn nicht aus, sondern mit der Geschichte gelernt wird, eignen sich Stoffe der Regional- ebenso wie die der Globalgeschichte und insbesondere deren Verflechtungen.

3.4. Die didaktische Entscheidung für die Globalgeschichte könnte im Sinne von Geschichtsbewusstsein, Narrativität und historischer Kompetenzen fallen, wenn die Fragen der Gegenwart an die Vergangenheit über den Nahbereich hinausgehen. Ist das in einer Art und Weise der Fall, dass man von einem Sachzwang zur globalen Perspektive sprechen muss, der sie zu einem harten Auswahlkriterium und Kompass für die Thematisierung von Stoffen macht? Die soziologische und ökonomische Analyse der Gegenwart ginge dann dem Rückblick in die Vergangenheit voraus, womit sich der geschichtsdidaktische Diskurs zum wiederholten Male in das raue Fahrwasser der Curriculumdebatte begibt. Geschichtsdidaktik ist also auf die Sozialwissenschaften angewiesen, will sie ihre Gegenwartsorientierung ernst nehmen. Ohne Gegenwartsorientierung gibt es keine narrative Kompetenz.

4. Didaktische Präferenzen für Globalgeschichte ließen sich über einen statisch-anthropologischen oder normativen, aber letztlich ahistorischen Ansatz rechtfertigen, über die eine Menschheit, die eine Menschennatur, die eine Menschlichkeit in der einen Schöpfung. Fremdverstehen, oft als Lernziel historischen Lernens postuliert, wäre wissenstheoretisch in einem solchen Paradigma immerhin denkbar. Verstehen heißt in seiner ursprünglich geisteswissenschaftlichen Bedeutung, sich in das Gegenüber hineinversetzen zu können, weil alle Menschen, obwohl sie sich voneinander unterscheiden, das Menschsein gemeinsam ist. Folgerichtig sind sie alle gleichwertig und gleichberechtigt.

4.1. Diese Herangehensweise war zum Beispiel nach 1945 attraktiv und breitenwirksam, weil der Nationalsozialismus die herkömmliche Nationalgeschichte ad absurdum geführt hatte. An historischen, religiösen, soziologischen und ökonomischen Begründungen fehlte es damals nicht. Wenn sich Universität und Schule heute erneut für Globalgeschichte entscheiden, müssen sie diesen Schritt historisieren, d.h. ihre Motive hinterfragen und kontextualisieren, auch wenn er sich dadurch relativiert. Der statisch-anthropologische Ansatz tendiert zu Universalismen, die zu Recht für ihren Eurozentrismus kritisiert werden. Das ist nicht weiter verwunderlich, stammt er doch aus der geisteswissenschaftlichen Philosophie Droysens und Diltheys, also aus dem 19. Jahrhundert.

4.2. Wer von Universalismen absieht, akzentuiert die Standortgebundenheit der eigenen Welterfahrung und des eigenen Handelns. An dieser Stelle ist Globalgeschichte deshalb so wichtig, weil sie die Diversität des Standortes deutlich macht. Wie die Kultur hat auch der Standort hybriden Charakter. Er ist das Ergebnis eines historischen, synkretistischen Prozesses, in anderen Worten eines „entanglements“ in zeitlichen Verläufen. Die Gemeinsamkeiten sind in Geschichte(n) zu verorten und nicht in letztlich fiktiven anthropologischen Konstanten.

4.3. Weil die eigene Weltanschauung eine jeweils standortgebundene Konstruktion von Wirklichkeit darstellt, müssen wir uns über Eurozentrismus nicht wundern, aber ihm entschieden entgegentreten, sobald er sich eine Deutungshoheit anmaßt, die ihm wie übrigens allen Denkmustern nicht zusteht. Die Diversität, die jeder Konstruktion eigen ist, schließt Dualismen aus. Sie ermöglicht eine Verständigung, die vor dem Hintergrund globaler Probleme überlebenswichtig ist.

5. Globales Lernen als ein fächerübergreifendes pädagogisches Konzept könnte ein Ansatz sein, um auch den Geschichtsunterricht (wieder) für außereuropäische Themenfelder von globaler Relevanz zu öffnen. Globales Lernen wird dabei vielfach als eine Antwort auf die Globalisierung und Entwicklung zur Weltgesellschaft beschrieben, die zur Horizonterweiterung, einem besseren Verständnis für andere Kulturen, Lebensweisen und Weltsichten sowie einem ethischen Bewusstsein für die Realität globaler Ungleichheiten beitragen soll. Insbesondere weist der Lernbereich Globale Entwicklung Anknüpfungspunkte zu geschichtswissenschaftlichen Ansätzen der Verflechtungs- und Beziehungsgeschichte auf, die nicht nur das Ziel verfolgen, den nationalfokussierten Bezugsrahmen zu erweitern, sondern gerade auch die Wechselwirkungen zwischen unterschiedlichen Handlungsfeldern vom lokalen bis globalen in den Blick nehmen.

5.1. Gerade in der Geschichtsdidaktik ist die Debatte um Globales Lernen bisher noch weitgehend ignoriert worden. Laut Kühberger (2012) wird dabei insbesondere die z.T. starke normative Ausrichtung des Globalen Lernens als problematisch angesehen, mit ihrer bei einigen Proponenten durchscheinenden teleologischen Orientierung an klaren Leitbildern globaler Gerechtigkeit und Nachhaltigkeit.

5.2. Für das Verständnis globaler Prozesse in der Weltgesellschaft fehlt es in vielen Unterrichtsvorschlägen und Materialien zum Globalen Lernen in Handlungsfeldern wie Politik, Wirtschaft oder Kultur jedoch gerade an der notwendigen Berücksichtigung der zeitlichen Dimension. Ein an den Herausforderungen der Gegenwart orientierter Geschichtsunterricht sollte sich dieser Verantwortung nicht entziehen. Vielmehr geht es darum, narrative und hermeneutische Kompetenz mit dem allgemeineren Kompetenzmodell des Globalen Lernens zu verknüpfen.

MICHELE BARRICELLI:

GLOBALES LERNEN ALS UNERFÜLLTES VERSPRECHEN EINER GESCHICHTSDIDAKTIK IM AUGENBLICK DER ÖFFNUNG

Im Deutsch-Französischen Krieg von 1870/71 machte die deutsche Seite bereits in den ersten Wochen sehr viele Gefangene. Aber nicht nur deren Zahl erstaunte, sondern auch ihr Aussehen. Auf einem wenig bekannten, kleinformatigen Gemälde von Gustav Schröpler (1830-1901), das im Bayerischen Armeemuseum verwahrt wird, jetzt aber (Frühjahr 2017) in einer schönen Schau in Paris zur verflochtenen Geschichte von Frankreich und Deutschland während der zweiten Hälfte des 19. Jahrhunderts zu sehen ist, sind dunkelhäutige und arabische Soldaten („Turcos“) dargestellt, wie sie im August 1870 im bayerischen Ingolstadt als Kriegsgefangene einrücken. Das örtliche Publikum am Straßenrand schaut gleichermaßen verstört wie fasziniert auf diese „Wilden“ und exotisch Fremdländischen. Der

Auftragsmaler wusste sicher, dass den umstehenden Deutschen unbekannt war und hier womöglich zum ersten Mal ins Bewusstsein trat, wie weit Europa damals schon in die Welt hinausreichte. Das ist verständlich. Unentschuldbar ist dagegen, dass noch im 21. Jahrhundert hierzulande das schulische Geschichtslernen nach wie vor jene national umschlossene historische Perspektive einnimmt, außerhalb deren zunächst ein noch halbwegs zivilisiertes und daher in Maßen interessierendes Europa (mit einem nordamerikanischen Außenposten) liegt, während der Rest der Welt dahinter als irrelevant wie überhaupt als weitgehend geschichtslos abgetan wird. Das ja nicht nur von der KMK, sondern von allen wesentlichen bildungspolitischen Akteuren mit Blick auf die Herausforderungen unserer Zeit geforderte „Globale Lernen" trifft im deutschen Geschichtsunterricht jedenfalls auf klägliche Voraussetzungen.

Angesichts der großen soziokulturellen Umgestaltungen an unseren Schulen – genannt seien nur die Stichpunkte Diversität und kulturelle Vielfalt, 30-50% Schülerinnen und Schüler mit Migrationshintergrund (bzw. mit dem Begriff der schulamtlichen Statistik: nicht-deutscher Herkunft bzw. Herkunftssprache), Erfordernis und Erwartung lebenslanger Mobilität – ist durchaus verwunderlich, dass die schulfachlichen Curricula sich nur sehr langsam diesen veränderten Rahmenbedingungen anpassen. Wirkliche Neuerungen, was Inhalte und Zugänge angeht, gab es im Geschichtsunterricht trotz aller Bemühungen durch die Geschichtsdidaktik während der letzten 25 Jahre kaum. Warum ist das so? Oder warum verhalten sich die unablässigen pädagogischen, strukturellen, didaktischen Reformprozesse an der deutschen Schule gerade gegenüber der Globalisierung so erschreckend indifferent?

Die Einführung der Kompetenzorientierung immerhin ist in diesem Kontext sehr speziell zu werten, da sie gerade nicht von den fachlichen Gegenständen des Unterrichts her gedacht ist und damit keinen Beitrag zur Modernisierung seiner Gegenstände leistet. Oder ganz schlicht: Kompetenz als Konstrukt einer domänenspezifischen „Problemlösefähigkeit" scheint weder an Lerninhalten noch an Lernsubjekten interessiert. Wer da genau was lernt (und warum), ist einerlei. Angenommen wird vielmehr eine alle Schülerinnen und Schüler bzw. späteren Erwachsenen irgendwie gleichermaßen betreffende homogene Anforderungssituation in einer mittelfristigen Zukunft, für welche diese handlungssicher („kompetent") gemacht werden müssen. Diese Vorstellung ist in ihrer Adressatenblindheit heikel – sie wird zum Witz, wenn man zumindest im Fach Geschichte glaubt, sie durch Themen, Inhalte und Konzepte bewältigen zu können, die im Wesentlichen dem 20. Jahrhundert, zu nicht unerheblichen Teilen aber sogar noch der Zeit davor entstammen.

Merkwürdigerweise führt auch das mittlerweile in quasi alle fachlichen Richtlinien eingewanderte Identitäts-Paradigma – Stichwort: historische Identität und historisch-politisches Bewusstsein als Ziel von Geschichtsunterricht – nicht zu einer spürbaren Anpassung von Schule an die Erfordernisse der von Diversität und Migration geprägten Gesellschaft. Denn angeleitet durch die Subjektkategorie der Identität lautet die pädagogische Frage folgerichtig heute zu oft einfach: „Wer bin ich?". Dem gegenüber war man in den 1970er und auch den 1980er Jahren, die noch das heute rückstandslos entsorgte Emanzipations-Paradigma pflegten, bereits weiter, indem gefragt wurde: „Was darf und kann ich für diese Gesellschaft im Verein mit den Anderen tun?" Unverkennbar zeigt sich dieser erstarkte, durch Überbetonung des Ich- oder Wir-Bezugs geradezu ruchlose Neu-Egoismus, was das Historisch-Politische angeht, am Beispiel der Deutschen Einheit 1990. Diese führte nämlich zu einer bemerkenswerten Re-Nationalisierung der deutschen Gesellschaft und trug in der Folge konsequent zu einer antiglobalen Verengung der schulischen Curricula bei. Die Hineindefinierung von 17 Millionen DDR-Bürgern in das vereinigte Deutschland ging einher mit einer nicht mehr erwarteten Herausdefinierung von zwei oder drei bundesdeutschen Migrantengenerationen, deren Integration zum betreffenden Zeitpunkt – unter dem heute kaum mehr vernommenen Begriff einer kosmopolitischen Gesellschaft – sogar weit vorangeschritten war. Dies seinerzeit klug erkennend, machten die Betroffenen, die von nun hauptsächlich „Migranten" hießen, bereits 1990 auf sich aufmerksam, indem sie während Demonstrationen, einen Slogan der Zeit aufnehmend, Schilder mit der Aufschrift „Wir sind auch das Volk" hochhielten. Man wird indessen nicht behaupten können, dass sich das Verständnis der deutschen Gesellschaft von sich selbst seitdem wieder oder weiter diversifiziert hätte. Gerade die so genannte Flüchtlingskrise in den Jahren 2015 und 2016 (genauer jedoch seit Beginn der 1990er Jahre) hat dazu geführt, dass, bei allem guten Willen im Einzelnen, sich die Reihen schlossen und fortan zwischen „wir" und „denen da" klarer denn je unterschieden wird. Mit dem Globalen Lernen – und seiner viel älteren Form des interkulturellen Lernens – müssen wir deshalb in der Schule wahrscheinlich noch einmal von vorn anfangen.

Interkulturelles Lernen ist für den Geschichtsunterricht wahrlich nicht neu. Aber eine solide disziplinäre Forschungsgeschichte bedeutet noch lange keinen außerakademischen Wandel. So sind, obwohl die Geschichtsdidaktik seit über 30 Jahren davor warnt, viele praktische Ansätze von Interkulturalität im Unterricht heute immer noch dadurch gekennzeichnet, dass sie der Kulturalisierungsfalle nicht entgehen. Das heißt, Schülerinnen und Schüler mit Migrationshintergrund werden als grundsätzlich Andere mit spezifischen Fähigkeiten, Kenntnissen, Bedürfnissen wahrgenommen, was sogleich zu ihrer Besonderung (Fachwort: „othering") bzw. Aussonderung führt

(„Ali, heute kümmern wir uns einmal um die türkische, also deine Geschichte"). Mark Terkessidis – Soziologe und Erfinder des Begriffs „Interkultur" – beschreibt das amüsiert, aber auch verständnislos in Bezug auf seine eigene deutsche Schulzeit, in der er oft von seiner „Heimat" Griechenland, die er kaum je gesehen hatte und deren Sprache er nicht sprach, berichten sollte. Meilenweit entfernt wähnt er die Kompetenz von durchschnittlicher Schule, für die Erfordernisse einer sich globalisierenden Gesellschaft Antworten zu finden, sofern diese nicht direkt dazu angeleitet wird. Zweifellos herrscht bei Curriculumautoren wie Lehrkräften viel Unsicherheit im Zusammenhang mit den spezifischen Themen interkulturellen Lernens in der Migrationsgesellschaft. Das gilt im Fall des Faches Geschichte auch dann, wenn, durch die Curricula durchaus abgesichert, die globalgeschichtlichem Lernen zuträgliche Untersuchung von Ein/Auswanderung, Zwangsmigration (Flucht, Vertreibung, Deportation, Zwangsarbeit), vertikaler wie horizontaler Mobilität, methodisch besonders im Prinzip des Längsschnitts gefasst, voranschreitet. Der historische Vergleich führt hier zu einer erweiterten Kontextualisierung wie diversen Hypothesen offenen Perspektivierung auf der Erkenntnisebene und dadurch gewiss auch zu Strategien der Integration und Inklusion auf der Handlungsebene. Wahrscheinlich allerdings hilft uns, das sei eingestanden, bei diesem Geschäft die forcierte Theoriebildung mit ihren immer neuen Komplexitäten und Höhenflügen (Stichworte: Transkulturalität, Intersektionalität) eher nicht mehr weiter – solange erprobte Praktiken zur Umsetzung und konkrete Handreichungen fehlen. Dass jedoch gerade die Lehrerverbände – im Verein mit Elternorganisationen und ahnungslosen Fachjournalisten – jüngst gerade jene Lehrplanreformen, die Globales Lernen kategorial unterstützen, erfolgreich verhinderten (Fall Berlin) oder zumindest erheblich erschwerten (Fall Schleswig-Holstein), stimmt traurig und lässt auf Widerstände gegen das Globale Lernen an Orten schließen, wo man es nicht leicht vermutet hätte.

Am Ende ist schwer zu sagen, wo bislang der Ertrag gerade der wohlmeinenden top-down-Programme (zuletzt natürlich der KMK-Orientierungsrahmen für Globale Entwicklung, der ja immerhin lange Beispiellisten für alle allgemeinbildenden Fächer, auch Geschichte, enthält) versickert. Denn das Materialangebot für globalgeschichtlich orientiertes historisches Lernen in der Schule ist heute durchaus vielfältig. Es wird geliefert von Praxiszeitschriften, Fachverlagen und Bildungsorganisationen, von Stiftungen und Gedenkstättenvereinen – insbesondere auch solchen, die im Angesicht der aktuellen Herausforderung ihre Bildungsarbeit vollständig überdenken wie z.B. der Volksbund Deutsche Kriegsgräberfürsorge. An mangelnder materieller Unterstützung kann also die Innovationsresistenz der Schule nicht liegen. Wohin die Reise geht, ist trotzdem schwer abzuschätzen. Es ist zumindest kaum vorstellbar, dass ein inklusiver Geschichtsunterricht noch lange Zeit ethnisch so exklusiv, sprachlich so homogen und inhaltlich so monoperspektivisch bleibt wie jetzt. Sehr viel mehr und Vorbildliches wird heute dagegen schon in Gedenkstätten und Museen gewagt; die Schule sollte nicht dauerhaft dahinter zurückfallen wollen.

Schule allerdings, auch dies ist richtig, kann nie besser sein als die sie hervorbringende Gesellschaft. Vom historisch-politischen Unterricht und einer modernen Geschichtsdidaktik Gegengewichte zu den teilweise extremen neuen Nationalismen zu fordern, die augenblicklich in Europa und der Welt manchmal sogar von Spitzenpolitikern geäußert werden, ist jedenfalls eine Farce. Interkulturelles Verstehen, eine Gemeinschaft freier und gleicher Bürger jedweder Herkunft, Inklusion der Benachteiligten und (scheinbar) Schwachen in der Migrationsgesellschaft sind Folge politischen Wollens und Handelns, nicht des in der Schule erworbenen Wissens, des Kennens und Meinens. Ein globalhistorisch orientierter und dimensionierter Geschichtsunterricht könnte Voraussetzungen für das Weltbürgertum seiner Schülerinnen und Schüler schaffen. Dass es tatsächlich dazu kommt, hängt davon ab, ob wir das Staunen über das Fremde – siehe die französischen Kolonialsoldaten – durch ein unvoreingenommenes Willkommenheißen alles Menschlichen zu ersetzen vermögen.

SUSANNE POPP:

ZUGRIFFSMÖGLICHKEITEN GLOBALGESCHICHTLICHER PERSPEKTIVEN

Der deutsche Geschichtsunterricht präsentiert (in der Regel) eine chronologische Epochenabfolge, die, bei der Urgeschichte beginnend, über jene „Antiken“, die als Grundlage „unserer“ Kultur gelten (das alte Ägypten, Griechenland, Rom), und über das christliche Mittelalter hin zur Nationalgeschichte in westlichem Kontext führt. Dieses Konzept folgt der Idee einer „für uns“ relevanten Geschichte: Die SchülerInnen sollen verstehen, „wie wir wurden, was wir sind“. Das „Wir“ meint die deutsche und die westlich-europäische Geschichte. Dabei kann man davon ausgehen, dass viele SchülerInnen, die der deutschen Mehrheitsgesellschaft angehören, diese perspektivische Begrenzung auf ein „Wir“ gar nicht erfassen, sondern die dargebotenen Zusammenhänge für „die“ relevante Geschichte überhaupt halten. Die nationale und europäische Zentrierung dieser historischen „mental map“ wird ihnen nicht bewusst, sie halten sie für selbstverständlich. Denn sie haben wenig Gelegenheit, diese „unsere Geschichte“ in „globalgeschichtlichen Zusammenhängen" wahrzunehmen und dabei zu erfahren, wie sich das Bild des jeweiligen historischen Gegenstandes verändern kann, wenn man einen anderen Referenzrahmen oder Standpunkt für die Betrachtung wählt. Das Fehlen dieses Perspektivenbewusstseins hat zweifellos Implikationen für die Selbst- wie auch die Fremdwahrnehmung. Die durchaus verbreitete Vorstellung, dass es Kulturen gäbe, die „geschichtslos" seien oder keine Geschichte hätten, die der europäischen an Relevanz vergleichbar ist, ist hierfür nur ein Beispiel von vielen.

„Globalgeschichtliche Perspektiven" im Rahmen der gegebenen curricularen Struktur zu konstruieren, bedeutet, von der gegebenen Perspektive auszugehen und diese mit veränderten Perspektiven zu konfrontieren. Ein Thema, wie beispielsweise der Versailler Vertrag, der üblicherweise in „deutscher Perspektive" als „Vorgeschichte" des Nationalsozialismus konstruiert wird, kann ansatzweise de-zentriert werden, indem man exemplarisch die Auswirkungen dieses Vertrags in der kolonial beherrschten Welt (z.B. Korea, China, Südafrika) aufzeigt. Dies mag die „deutsche Lesart" dieses Vertrags vielleicht nicht verändern, macht aber doch deutlich, dass die Perspektive auf die deutsche Geschichte nicht die einzig „relevante" ist. Dies kann auch ein bilateraler Vergleich zweier Geschichtsräume zu einem bestimmten Zeitpunkt leisten (z.B. Europa und China in der Frühen Neuzeit), auch wenn es sich dabei nur sehr eingeschränkt um eine „globalgeschichtliche Perspektive" handelt.

Eine andere Zugriffsmöglichkeit bietet die Gestaltung eines einfachen Überblicks, der für jede der curricular relevanten Epochen systematisch den Globus bzw. die Weltkarte in den Blick nimmt und beispielsweise nach den zeitgenössisch größten Städten, den bedeutends-ten Häfen, den wichtigsten Handelsrouten und -gütern, den ausgedehntesten (Kolonial-)Reichen und der Verbreitung der sogenannten „Weltreligionen" fragt. Das mag sehr formalistisch erscheinen, hat aber doch den Vorteil, dass die SchülerInnen beispielsweise klar erkennen können, dass das europäisch-christliche Mittelalter eine vollkommen andere Stellung in der damaligen Welt hatte als das Europa des 19. Jahrhunderts, oder dass mit Blick auf die „lange Dauer" eine zunehmende (wenn auch im Einzelnen nicht linear verlaufende) Ausweitung und Verdichtung transregionaler und globaler Interaktionen stattgefunden hat. Eine große Schwäche des auf das „Wir" zentrierten Narrativs besteht gerade darin, dass es „unsere" Geschichte als abgeschlossenen Container darstellt und diesen nicht zu umfassenderen Zusammenhängen in Beziehung setzt, so dass übergreifende Entwicklungen, die den Kontext einer jeweiligen Epoche bilden und diese mitprägen, gar nicht in den Blick kommen.

Eine „globalgeschichtliche Perspektivierung" ist auch dort von

Bedeutung, wo SchülerInnen nicht erkennen können, ob ein bestimmter historischer Sachverhalt, der für die europäische und deutsche Geschichte als relevant gesetzt wird, auf diesen Raum begrenzt oder für diesen typisch ist oder ein Teilelement einer übergreifenden Entwicklung darstellt, die auch in diesem Geschichtsraum stattgefunden und hier eine spezifische Ausprägung erfahren hat. Das „nation building" und die Industrialisierung sind beispielsweise Themen, die zweifellos globalgeschichtliche Relevanz haben. Die SchülerInnen sind aber zumeist überfordert, zwischen den übergreifenden und den im „wir"-Narrativ konkretisierten Aspekten zu unterscheiden, wenn das Begriffskonzept ausschließlich in seiner spezifischen Bedeutung für das gegebene Narrativ entfaltet wird.

Das Thema der „Industrialisierung" stellt zugleich ein prägnantes Beispiel – neben einigen anderen – dar, bei dem der Wechsel zwischen der lokalen, nationalen, kontinentalen und globalen Perspektive besonders ergiebig ist, weil jeweils andere Aspekte in den Vordergrund treten und zugleich die Auswirkungen der globalen Ebene auf das Leben „vor Ort" (z.B. Warenströme) ebenso deutlich werden wie das Entstehen neuer supranationaler Phänomene von lokaler Basis aus (z.B. Arbeiterbewegung, Sozialismus). Die Wahrnehmung der Veränderung des „Bildes" beim Wechsel der Betrachtungsperspektiven ist ein hilfreicher Schritt, um sich der Einsicht in die Perspektivität des „wir"-zentrierten Narrativs anzunähern und dessen Konstrukt-Charakter zu erkennen. Wichtiger aber ist vielleicht noch die Schulung der Frage-Kompetenz: Mit entsprechenden Fragen können die SchülerInnen lernen, die Grenzen der „Container"-Optik bewusst wahrzunehmen und gezielt darüber hinaus zu denken.

Die geschichtsdidaktische Bedeutung transregionaler oder globaler Perspektivierungen ergibt sich schließlich auch daraus, dass das gegebene „wir"-Narrativ ein essentialistisches Verständnis „unserer Geschichte" fördert, indem es die Illusion erweckt, sie sei aus sich selbst heraus verständlich. Beispielsweise findet man kaum ein Schulbuch, das bei der Darstellung der europäischen Expansion die Frage diskutiert, warum gerade Europa – und nicht eine andere Weltregion – diese Entwicklung genommen hat. Es scheint zu genügen, dass die SchülerInnen wissen, dass Europa diesen Weg gegangen ist. Dabei nimmt man freilich in Kauf, dass sie jene Entwicklung unbewusst als Ausdruck nicht nur des „europäischen Wesens", sondern vielleicht auch der europäischen Überlegenheit deuten. Denn es ist ein charakteristischer Effekt des nationalhistorischen Container-Modells, dass es implizit Singularitäts- und auch Überlegenheitsannahmen suggeriert, die oft für viel zu selbstverständlich gehalten werden, als dass man sie kritisch prüfen würde.

Zusammenfassend möchte ich festhalten, dass die hier skizzierten Überlegungen zu globalgeschichtlichen Perspektiven – unter den gegebenen curricularen Verhältnissen – vor allem ex negativo argumentieren. Sie stellen die exemplarische Korrektur struktureller Defizite des gegebenen „wir“-Narrativs mit Hilfe einer breiteren Kontextualisierung und transregionalen Relationierung geeigneter Inhalte in den Mittelpunkt. Dazu bietet das gegebene Curriculum durchaus vielfältige Möglichkeiten. Einige Beispiele dafür wurden hier angedeutet, weitere Beispiele lassen sich aus globalgeschichtlichen Ansätzen ableiten. Doch entscheidend ist jeweils die didaktische Analyse der möglichen Missverständnisse und Fehlkonzepte, die eine Darstellung im Container-Modus erzeugen kann.

Man mag einwenden, dass diesen Überlegungen kein klar definiertes Konzept von Globalgeschichte zugrunde liegt. In der Tat können bilaterale Vergleiche oder transregionale Perspektiven für die hier beschriebenen Intentionen ebenfalls nützlich sein. Gleichwohl sollte auch die globale Perspektive im Geschichtsunterricht immer wieder einmal präsent sein, damit die SchülerInnen die entsprechenden Frage- und Orientierungskompetenzen systematisch aufbauen können (auch wenn dies nur exemplarisch erfolgen kann). Generell sind für die hier formulierten Überlegungen vor allem solche globalgeschichtlichen Konzepte leitend, die die Nationalgeschichte in globale Kontexte einrücken und auf diese Weise „globalisieren“. – Wenn diese Überlegungen die zunehmende „Diversität“ der SchülerInnen nicht explizit aufgreifen, so hat dies vor allem den Grund, dass das Konzept der „globalgeschichtlichen Perspektiven“ für alle SchülerInnen in gleicher Weise als relevant erscheint, wobei die Vorteile für inter- oder transkulturelles historisches Lernen auf der Hand liegen.

LARS DEILE:

ANDERS STATT MEHR. ANMERKUNGEN ZUR GLOBALEN PERSPEKTIVE IM GESCHICHTSUNTERRICHT

Globalgeschichte – auch das noch?

Verfolgt man die Diskussionen über den Geschichtsunterricht, dann wird man den Gedanken nicht los, dass es sich um eines der größten Sorgenkinder der Schule zu handeln scheint. Zu wenig nachhaltig (Hamann 2017), zu wenig grundlegend (Stolz 2015), zu wenig belehrend (Schroeder u. a. 2012) und auch zu wenig global (Günter-Arndt / Kocka / Martin 2009). Wann immer über Geschichte gesprochen wird, sind Defizitanzeigen schnell bei der Hand. Das gilt auch für die verdienstvollen Aufsätze in diesem Band.

Vielleicht liegt es in der Natur der Sache. Geschichte als Vergegenwärtigung von Vergangenheit im Bemühen um eine begründete Gestaltung von Zukunft, als Form, die Vergangenheit, Gegenwart und Zukunft miteinander verbindet, ist notwendigerweise immer subjektiv. Sie geschieht absichtsvoll und aus sehr unterschiedlichen Motivationen heraus. Sie ist zwar sozial vermittelt, Bewusstsein für Zeit kann aber immer nur individuell konstruiert werden. Daraus ergibt sich eine Vielzahl von Geschichten, eine Vielzahl von Bedürfnissen und Ergebnissen historischer Sinnbildungsprozesse.

Das Schulfach Geschichte hingegen wird oft recht eindimensional verstanden. Die meisten Schulbücher erzählen (genau) eine Geschichte statt zum Fragen und Hinterfragen anzustacheln (Bernhardt 2013). Geschichtsunterricht neigt zu Kanonisierung und wer das aufzubrechen versucht, hat meist nur die Chance, dem Kanon noch ein Stück hinzuzufügen. Das gilt auch für die globalgeschichtliche Perspektive. Niemand bestreitet deren Bedeutung. Bei gleichbleibendem oder gar schrumpfendem Stundenumfang würde ihre Realisierung bedeuten, dass in gleicher Zeit mehr behandelt werden müsste. ‚Bitte nicht auch noch das' wehren viele da ab.

Zu Recht. Würde zur deutschen Nationalgeschichte von der Schlacht im Teutoburger Wald bis zur Wiedervereinigung (ungefähr in diesem Rahmen bewegt sich die Dauerausstellung des Deutschen Historischen Museums in Berlin) und zur europäischen Geschichte, die auch noch irgendwie dazugehören soll, auch noch die Geschichte Vorderasiens, Afrikas oder gar Lateinamerikas kommen, dann wäre das ohnehin schon überlastete Fach Geschichte schnell dem Kollaps nahe. Wer ein neues Thema berücksichtigt sehen will, der muss begründet sagen, auf welches traditionelle Thema verzichtet werden kann.

Nur selten gelingt es, die Scheuklappen solchen Denkens abzunehmen (Völkel 2011). Denn die spannende Alternative wäre eine grundlegend andere Ordnung der Geschichte, anders als in der vertrauten genetisch-chronologischen Struktur (Barricelli 2008). Geschichte lässt sich mindestens auch als Längsschnitt entlang von Schlüsselproblemen oder als Querschnitt ordnen, anhand von Personen oder Objekten, als Tableau von Räumen oder Vernetzungen. All das findet man in der Geschichtswissenschaft, während der Geschichtsunterricht vom Ziel des einen großen Überblicks bestimmt bleibt, dem Mythos Basiswissen (Wunderer 1999).

Dabei sei daran erinnert, dass schon den klassischen Historiken von Schiller, Ranke oder Droysen nicht um eine Addition von allem und jedem ging, sondern um eine philosophische Gestaltung des Stoffes, um ein Bemühen grundsätzlichen Verstehens. Verstehen heißt immer, einen Standpunkt einzunehmen, bewusst die Standpunkte zu wechseln und dabei zu wissen, dass es immer verschiedene gibt. Nur die sich daraus ergebende Mehrzahl von Standpunkten lässt überhaupt einen mentalen Raum entstehen, der Grundlage dafür ist, dass man sich in ihm orientieren kann und sollte. Für diese Orientierung sind dann die Bezugspunkte entscheidend. Gerade in jüngster Zeit wird wieder zunehmend darum gestritten, was angemessene Bezugspunkte sein könnten, wenn der Mensch nicht mehr länger als Zentrum der Welt verstanden wird. Das Nachdenken über „Scale", über den angemessenen Bezugsrahmen, ergibt sich zwingend, wenn man das „Anthropozän" lediglich als ein Zeitalter unter vielen begreift und dabei grundsätzlich ins Spiel bringt, auch an eine Erde ohne Menschen zu denken (Chakrabarty 2018; Simon 2017).

Wenn es um die Auswahlfrage im Unterricht geht, erweist sich ein allgemeingültiger Kanon einer differenzierten Gesellschaft als unangemessen. Vielmehr ist es entscheidend, einen jeweils angemessenen Rahmen zu begründen. Wenn ich wissen will, warum die Familie Oetker seit der Tütenverpackung von Backpulver bis heute so erfolgreich ist, wird die Perspektive eine andere sein müssen als wenn ich die Existenz römischer Architektur nur auf der linken Rheinseite klären will oder die Bereitschaft, mit der Eichmann den Massenmord an den Juden plante. Es gibt keinen Inhalt aus sich heraus, sondern nur, weil sich ein Thema in der Auseinandersetzung eines Rezipienten mit einem historischen Objekt konstituiert. Jenseits dieser Subjektorientierung (Ammerer 2015; Kühberger 2012) gibt es keine Geschichte, sondern nur Geschäfte, wie das Johann Gustav Droysen vor 150 Jahren ausdrückte (Droysen 1863, 10).

Globalgeschichte ist eine Art, diese Maßstäbe zu fassen und zu bezeichnen. Warum und unter welchen Umständen kann es sinnvoll sein, diesen Rahmen zu wählen? Was heißt es, globalhistorisch zu denken? Schauen wir uns ein Beispiel an, eines, das ich so erzähle und das auch anders erzählt werden könnte.

Die finstere Geschichte des Kamms

Kämme gehören zu den alltäglichsten und unverdächtigsten Gebrauchsgegenständen, die man sich vorstellen kann. Jede und jeder benutzt sie, jeden Tag. Zu den vollendetsten ihrer Art zählen die Kämme der Firma Hercules Sägemann aus Hamburg (Abb. 1). Das Traditionsunternehmen fertigt verschiedenste Kämme, für Friseure und für Reisen, für Frauen und für Männer, seit über 150 Jahren.

Die Kämme sind bis heute aus Ebonit, einem Hartgummi, der durch die Vulkanisierung von Naturkautschuk hergestellt wird. 1839 ließ sich Charles Goodyear ein Verfahren patentieren, mit dem es ihm gelang aus der zähen Kautschukmasse einen beständigen

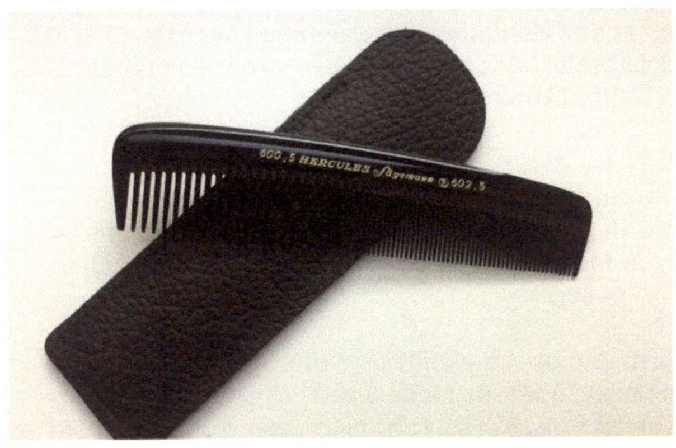

b. 1

Gummi herzustellen. Das Produkt war vielfältig einsetzbar und wird heute als Motor der Industrialisierung angesehen. Aus ihm wurden Regenmäntel, Wagenreifen, Kondome, Elektroisolationen, Gartenschläuche, Schuhsohlen usw. hergestellt (Harp 2016; Loadman 2005; Braun 2017, 126-159; Tully 2011). Und die Nachfrage nach Kautschuk in Europa und Nordamerika stieg beständig.

Dieser Kautschuk kam ausschließlich aus dem Amazonasgebiet, wo er von Einheimischen im Wald gesammelt, von Händlern aufgekauft und nach Europa gebracht wurde. Dieses Geschäft machte die Händler reich, sehr reich. Die Kautschukbarone brauchten nichts zu entbehren, und sei es ein Opernhaus im Regenwald, wie das spektakuläre Gebäude in Manaus (Abb. 2), das 1896 eröffnete, an einem Ort, der 100 Jahre zuvor gerade einmal 300 Einwohner gehabt hatte.

b. 2

Die Arbeit wurde von zwangsverpflichteten Indigenen gemacht, die für diese Tätigkeit schlecht entlohnt wurden. Mit der steigenden Nachfrage nach Kautschuk und der Verheißung auf hohe Gewinne erhöhten die Händler und Handlungsunternehmen auch den Druck auf die Kautschuksammler, was häufig zu verheerenden humanitären Bedingungen führte (Abad González 2003).

1876 gelang es Henry Wickham, Kautschuksamen außer Landes zu schmuggeln, daraus in englischen Gewächshäusern Pflanzen zu kultivieren und sie in britischen Kolonien anzubauen. Die ersten Plantagen gab es in Malaysia, später verbreitete sich der Anbau auch in Afrika.

Wickhams Industriespionage exportierte das System Kautschuk im gesamten kolonialen Süden. Besonders rücksichtslos wurde es im Kongo betrieben, in der Privatkolonie des belgischen Königs Leopold II (Hochschild 2000; Vangroenweghe 1985). Von hier berichtete Roger Casement in einem offiziellen Report für die englische Regierung von eklatanten Menschenrechtsverletzungen, von Geißelhaft, schlimmsten Formen körperlicher Züchtigung, von Verstümmelung, Vergewaltigung, Mord und Kannibalismus, mit denen die Kautschukhändler die indigene Bevölkerung zur Maximierung der Kautschukproduktion antrieben (Casement 2003). In diesem Zusammenhang entstand auch das Foto der Missionarin Alice Seeley Harris, die 1904 Nsala aus Wala ablichtete, der kurz zuvor Frau und Kind bei einem Überfall verloren hatte (Abb. 3). Alles, was ihm von seiner Tochter geblieben war, ließ Harris ausbreiten um ein Bild zu schießen, das der Welt von den Kongo-Gräueln zeugte (Nsala of Wala).

Abb

Kautschuk war eine humanitäre Katastrophe, ein koloniales Verbrechen größten Ausmaßes, dem Millionen Menschen weltweit zum Opfer fielen.

Selbst wirtschaftlich wurde er zu einem frühen Sinnbild für die Grenzen des Wachstums. Henry Ford entschloss sich Ende der 1920er Jahre zum Bau einer industriellen Planstadt im Amazonasgebiet, um das britische Monopol zu umgehen (Grandin 2009). Hier sollten die Reifen für seine Autos direkt hergestellt werden. Aber Fordlândia wurde zu einer der größten Fehlinvestitionen der Industriegeschichte – weil die Arbeiter nicht bereit waren, sich dem puritanischen Regime Fords zu unterwerfen: Ausweise, strikte Arbeitszeiten, kein Alkohol, US-amerikanisches Essen. Und weil 1926 der Synthesekautschuk BuNa erfunden wurde, dessen größte Produktionsstätte 1941 in Auschwitz entstehen sollte. Fordlândia wurde bereits 1934 aufgegeben, steht heute noch als Industrieruine und als Metapher für das Scheitern einer Ideologie grenzenlosen Fortschritts (Abb. 4).

Abb. 4

Muss man das alles wissen, wenn man sich die Haare kämmt? Das muss man nicht. Aber es hilft, zu verstehen, warum der Kongo bis heute eines der gewalttätigsten Länder der Erde ist oder warum peruanische Literaturnobelpreisträger über irische Nationalisten schreiben. Und es hilft dabei „Nein!" zu sagen, wenn man bei Amazon dazu animiert wird, gleich ein Kamm-Abonnement abzuschließen, obwohl man sich nur einen einzigen Kamm kaufen wollte.

Globalisierung bedeutet, dass nichts, was ich hier mache, nicht auch Auswirkungen am anderen Ende der Welt haben könnte. Und was heute geschieht wird morgen vielleicht enormen Nachhall entwickeln. Raumzeitliche Achtsamkeit ist deshalb von größter Bedeutung. Der mit moderner Verflochtenheit entstandenen Fragilität der Welt kann nur noch mit hoher Sensibilität für Nachhaltigkeit begegnet werden. Alles andere kann sich die Welt nicht mehr leisten. Die neue Verwobenheit, dieses entanglement hat die Maßstäbe verändert, mit der die Welt vermessen werden kann (Leinfelder 2014; Chakrabarty

2015). Und zu diesen neuen Maßstäben gehört neben einer veränderten zeitlichen auch eine veränderte räumliche Ordnung, bei der auch Lateinamerika eine ganz neue Rolle spielt.

Geschichtsdidaktik und Globalgeschichte

Welche Rolle spielen globalgeschichtliche Perspektiven im Zusammenhang geschichtsdidaktischer Reflexion? Matthias Middell sieht das Aufkommen der Globalgeschichte im Zusammenhang mit einem Generationswechsel in der Geschichtswissenschaft (Middell 2008, 40). In welchen geschichtsdidaktischen Konstellationen sich diese Entwicklungen vollzogen und vollziehen, soll abschließend entfaltet werden.

Der Geschichtsunterricht ist wesentlich eine nationalstaatliche Bildungseinrichtung. Im 19. Jahrhundert emanzipierte sich das Fach von seiner hilfswissenschaftlichen Aufgabe für den altsprachlichen Unterricht einerseits und der Realienkunde andererseits, gerade deshalb, weil es im Sinne vaterländischer Gesinnungsbildung instrumentalisiert wurde (Schneider 1988; Deile 2011). Der aufklärerisch weite Blick auf die Geschichte, wie ihn Herder oder Schröckh gepflegt hatten, spielte daher nie eine bedeutende Rolle. Im Zentrum stand von Anbeginn der Nationalstaat und seine Geschichte. Das hat sich bis heute nicht geändert.

Parallel zu dieser Engführung des Unterrichtsfachs gab und gibt es eine weltgeschichtliche Tradition, an die angeknüpft werden könnte, wenn das Fach thematisch weit gefasst werden sollte. Weltgeschichte war der Versuch, das Ganze der Vergangenheit deutend in den Blick zu nehmen. Bekannte Versuche sind die monumentalen Werke von Helmolt, Breysig oder Spengler, von Toynbee, Wells oder Sorokin. Neueren Datums wären noch die erfolgreichen Weltgeschichten von Geiss, Demandt oder Zwecker zu nennen. Was sie allesamt auszeichnet, ist das Mühen um eine Einordnung einer ausgemachten Krise des Abendlandes ins Gesamt der Geschichte der Menschheit.

Diese Versuche – so interessant sie auch sein mögen – durchzieht ein ausgemachter Eurozentrismus. Den Ausgangspunkt der Betrachtungen bildet ein recht homogen verstandenes Abendland, von dem aus der Rest der Welt in den Blick genommen wird. Von daher entsteht ein Ungleichgewicht, kein zwingend ethisches aber ein perspektivisches Ungleichgewicht. Das aber hat zur Folge, dass sich aus der Differenzierung fremd/eigen auch normative Grenzen ergeben. Am Ende bleibt eine Tendenz, die die westlichen Werte über ihren Horizont hinaus universalisiert, sie nicht mehr zu relativieren in der Lage ist (Rüsen 2013; dagegen: Meister 2010).

Solche Positionen, zunächst wohlmeinend vorgetragen (Erdmann 1998; Lautzas 1999, 2008), gipfelten bald im Konzept einer „Leitkultur", wobei der Begriff ‚Kultur' nur anstelle von ‚Volk' oder gar ‚Rasse' gebraucht wird. Die frühen Protagonisten einer räumlichen Entgrenzung des Geschichtsunterrichts präzisierten daraufhin ihren Begriffsgebrauch zugunsten des Globalen (bemerkenswert: Lautzas 2012). Außerdem bezogen postkoloniale und rassismuskritische Ansätze in Geschichtswissenschaft und -didaktik entschieden Stellung (Grewe 2016; Brüning/Deile/Lücke 2016). Sie beharren auf einer ethischen Gleichheit aller Menschen, lehnen klare Grenzziehungen zugunsten eines Konzepts von Hybridität ab und verurteilen auf Heterogenität begründete Diskriminierungen. Dabei geht es vor allem um das Einüben von Selbstreflexivität (Middell 2008, 45 f.) und dem Erkennen intersektionaler und räumlicher Verwobenheit (Lücke 2012). Wie nötig das ist, haben die mehrfach berichteten Erfahrungen von Bea Lundt gezeigt. Sie ist mit Studierenden immer wieder nach Ghana gefahren und hat dort beobachtet, wie Studierende die Bürde kolonialer Mentalität mit sich tragen, etwa wenn sie Kolonialismus zwar grundsätzlich ablehnen, westlichen Überlegenheitsdünkel aber kaum ablegen können (Lundt 2016; ähnlich: Körber 1997).

Am Anfang aller globalgeschichtlichen Ausführungen steht daher heute ein geradezu rituelles Absetzen von dieser (kolonial durchsetzten) weltgeschichtlichen Tradition. Den nicht nur politischen Unterschied zwischen diesen beiden Richtungen hat Manfred Kossok prägnant ins Bild gesetzt: „Kolumbus erkannte, wie groß und unendlich die Welt ist – darin lag eine Voraussetzung für das Verständnis historischer Universalität; die Kosmonauten begriffen, wie klein und endlich die Welt ist – dadurch beschleunigte sich das Verständnis für Globalisierung unserer Existenz" (Kossok 1993, 99).

Mit dieser neuen Perspektive geht zugleich eine pointierte Schwerpunktsetzung einher, die die Weltgeschichte nicht einzulösen vermochte. So stand und steht das weltgeschichtliche Curriculum in den USA, das neben einem nationalgeschichtlichen etabliert wurde (National Center 1996), ratlos vor der Frage der Auswahlproblematik und vermag nur auf einen Kanon verweisen, dem aber die didaktische Begründung fehlt. Weltgeschichtlicher Perspektive wäre alles gleich wichtig. Globalgeschichte sucht nach Themen, an denen in besonderer Weise globale Verflechtung deutlich wird und aus denen sich eine besondere globale Verantwortlichkeit ergibt. Dadurch lässt sich das entwicklungspsychologisch ableitbare Gebot subjektorientierten Lernens (Holzkamp 1993) in hervorragender Weise im Geschichtsunterricht umsetzen. Die Geschichte ägyptischer Mumifizierung ist SchülerInnen so fremd wie die Geschichte der Berliner Mauer oder die südamerikanische Kolonialgeschichte. Ein Kamm, eine Trennung, ein Todesfall in der Familie aber machen sie zum sekundären Erfahrungsraum, der historische Orientierung in aktuellen Lebenslagen generieren kann. Raum und Zeit haben dabei gleichermaßen Bedeutung für das Leben in einer globalisierten Welt. Deren Fragilität erfordert ein erhöhtes Maß an Verantwortungsbewusstsein. Und das lässt sich nur entwickeln, wenn die räumlichen und zeitlichen Grenzen eigener Wahrnehmungsmöglichkeit reflexiv erweitert werden, wenn Raum und Zeit über den Moment aktueller Existenz hinaus vorstellbar werden und die Eingebundenheit eigenen Handelns in globale Zusammenhänge in Betracht gezogen werden kann.

Literaturübersicht

Abad González, Luisa, Etnocidio y resistencia en la Amazonía peruana, Cuenca 2003.

Ammerer, Heinrich, Subjektorientierte Geschichtsdidaktik, Schwalbach 2015.

Barricelli, Michele, Thematische Strukturierungskonzepte, in: Hilke Günther-Arndt (Hg.), Geschichtsmethodik. Handbuch für die Sekundarstufe I und II, Berlin 2008, 47 62.

Bernhardt, Markus, Scheinpluralismus. Oder: Wie ich mir einen Schulbuchbeitrag bastle. In: Public History Weekly 1, 2013, DOI: dx.doi.org/10.1515/phw-2013-138.

Braun, Dietrich, Kleine Geschichte der Kunststoffe, 2. Auflage, München 2017.

Breysig, Kurt, Der Stufenbau und die Gesetze der Weltgeschichte, Berlin 1905.

Brüning, Christina / Deile, Lars / Lücke, Martin (Hg.), Historisches Lernen als Rassis-muskritik, Schwalbach 2016.

Casement, Roger, The eyes of another race. Roger Casement's Congo report and 1903 diary, hg. v. Séamas Ó Síocháin und Michael O'Sullivan, Dublin 2003.

Chakrabarty, Dipesh, Anthropocene Time, in: History and Theory 57/1, 2018.

Chakrabarty, Dipesh, The Human Condition in the Anthropocene (Tanner Lectures in Human Values), 2015,https://tannerlectures.utah.edu/Chakrabarty%20manuscript.pdf (zuletzt eingesehen am 29.01.2018).

Deile, Lars, Oppositionswissenschaft mit Privileg. Kulturgeschichte und Geschichtsdidaktik im Kaiserreich, in: Bärbel Kuhn und Susanne Popp (Hg.), Kulturgeschichtliche Traditionen der Geschichtsdidaktik, St. Ingbert 2011, 111–138.

Demandt, Alexander, Kleine Weltgeschichte, München 2003.

Droysen, Johann Gustav, Die Erhebung der Geschichte zum Rang einer Wissenschaft, in: Historische Zeitschrift 9, 1863, 1-22.

Erdmann, Elisabeth, Was verstehen wir unter „Weltgeschichte"?, in: Internationale Gesellschaft für Geschichtsdidaktik Information 19.2, 1998, 14–26.

Geiss, Imanuel, Geschichte griffbereit, 7 Bände, Gütersloh 1993.

Grandin, Greg, Fordlandia: The Rise and Fall of Henry Ford's Forgotten Jungle City, New York 2009.

Grewe, Bernd, Geschichtsdidaktik postkolonial - Eine Herausforderung, in: Zeitschrift für Geschichtsdidaktik 15, 2016, 5–30.

Günther-Arndt, Hilke / Kocka, Urte / Martin, Judith, Geschichtsunterricht zur Orientierung in der Welt. Zu einer Didaktik von Globalgeschichte, in: Geschichte für heute : Zeitschrift für historisch-politische Bildung 2/3, 2009, 25–31.

Hamann, Christoph, Die „staubige Straße der Chronologie“. Ein Plädoyer für eine stärkere Subjekt- und Kompetenzorientierung des historischen Lernens, in: Jens Hüttmann und Anna van Arnim-Rosenthal (Hg.), Demokratie und Diktatur im Unterricht: der Fall DDR, Berlin 2017, 75–87.

Harp, Stephen L., A World History of Rubber. Empire, Industry, and the Everyday, Chichester 2016.

Helmolt, Hans F., Weltgeschichte, 9 Bände, Leipzig 1899-1907.

Hochschild, Adam, Schatten über dem Kongo. Die Geschichte eines der großen, fast vergessenen Menschheitsverbrechen, Stuttgart 2000.

Holzkamp, Klaus, Lernen. Subjektwissenschaftliche Grundlegung, Frankfurt 1993.

Körber, Andreas, Europäische Jugendliche und das koloniale Erbe, in: Jugend - Politik – Geschichte. Ergebnisse des europäischen Kulturvergleichs „Youth and history“, Hamburg 1997, 88–106.

Kossok, Manfred, From Universal History to Global History, in: Bruce Mazlish (Hg.), Conceptualizing Global History, Boulder 1993, 93–111.

Kühberger, Christoph (Hg.), Geschichtsdidaktik aus subjektorientierter Perspektive, Wien 2012.

Lautzas, Peter, Gedanken zu einer weltgeschichtlichen Perspektive des Geschichtsunterrichts, in: Geschichte in Wissenschaft und Unterricht 50, 1999, 506 ff.

Lautzas, Peter, Wider einen Kanon in Geschichte, in: Geschichte für heute 3, 2012, 59 f.

Leinfelder, Reinhold, Alles hängt mit allem zusammen. Herausforderungen und Chancen für BNE im Anthropozän, Frankfurt 2014,

https://www.youtube.com/watch?v=oD3VVqlcjZA (zuletzt eingesehen am 29.01.2018).

Loadman, John, Tears of the Tree: The Story of Rubber - a Modern Marvel, Oxford 2005.

Lücke, Martin, Diversität und Intersektionalität als Konzepte der Geschichtsdidaktik, in: Michele Barricelli und Martin Lücke (Hg.), Handbuch Praxis des Geschichtsunterrichts, Band 1, Schwalbach 2012, 136–146.

Lundt, Bea, Ich bin dann mal da! Vom schwierigen Ankommen weißer Lehramtsstudierender in Ländern Afrikas und von der Aufgabe des Faches Geschichte angesichts der Agenda 2030, in: Zeitschrift für Geschichtsdidaktik 15, 2016, 31–45.

Meister, Robert, After Evil. A Politics of Human Rights, New York 2010.

Middell, Matthias, Wie gelangt die Globalisierung in den Geschichtsunterricht?, in: Susanne Popp und Johanna Forster (Hg.), Curriculum Weltgeschichte. Globale Zugänge für den Geschichtsunterricht, 2. Auflage, Schwalbach 2008, 35–49.

National Center for History in the Schools, National Standards in World History, Los Angeles 1996, https://phi.history.ucla.edu/nchs/world-history-content-standards (zu-letzt eingesehen am 29.01.2018).

Nsala of Wala in the Nsongo District, in: wikipedia.de https://de.wikipedia.org/wiki/Nsala_of_Wala_in_the_Nsongo_District_(Abir_Concession) (zuletzt eingesehen am 29.01.2018).

Popp, Susanne, Weltgeschichte im Geschichtsunterricht? Geschichtsdidaktische Überlegungen zum historischen Lernen im Zeitalter der Globalisierung, in: Susanne Popp und Johanna Forster (Hg.), Curriculum Weltgeschichte. Globale Zugänge für den Geschichtsunterricht, 2. Auflage, Schwalbach 2008, 68–101.

Rüsen, Jörn, Humanismus interkulturell denken. Theorie- und Methodenprobleme, in: Kerstin Andermann und Andreas Jürgens (Hg.), Mythos – Geist – Kultur. Festschrift zum 60. Geburtstag von Christoph Jamme, München 2013, 267–284.

Schneider, Gerhard, Geschichtsdidaktik und Geschichtsunterricht am Ende des Kaiserreichs (vorwiegend in Preußen), in: Paul Leidinger (Hg.), Geschichtsunterricht und Geschichtsdidaktik vom Kaiserreich bis zur Gegenwart, Stuttgart 1988, 54–67.

Schröckh, Johann Matthias, Lehrbuch der allgemeinen Weltgeschichte zum Gebrauche bey dem ersten Unterrichte der Jugend, Berlin/Stettin 1774.

Schroeder, Klaus et al., Später Sieg der Diktaturen? Zeitgeschichtliche Kenntnisse und Urteile von Jugendlichen, Frankfurt 2012.

Simon, Zoltán Boldizsár, Why the Anthropocene Has No History: Facing the Unprecedented, in: The Anthropocene Review 4/3, 2017, 239–245.

Sorokin, Pitirim, Kulturkrise und Gesellschaftsphilosophie. Moderne Theorien über das Werden und Vergehen von Kulturen und das Wesen ihrer Krisen, Stuttgart 1953.

Spengler, Oswald, Der Untergang des Abendlandes. Umrisse einer Morphologie der Weltgeschichte, 2 Bände, Wien/München 1918/22.

Stolz, Peter, Alle Jahre wieder. Lehrplanrevision in Berlin und Brandenburg. In: Public History Weekly 3 (2015) 8, DOI: dx.doi.org/10.1515/phw-2015-3714.

Toynbee, Arnold, A Study of History, 6 Bände, London 1934-1939.

Tully, John, The Devil's Milk: A Social History of Rubber, New York 2011.

Vangroenweghe, Daniel, Rood rubber: Leopold II en zijn Kongo, Brussel 1985.

Völkel, Bärbel, Immer mehr desselben? Einladung zu einer kritischen Auseinandersetzung mit dem chronologischen Geschichtsunterricht, in: Geschichte in Wissenschaft und Unterricht 62, 2011, 353–362.

Wells, H. G., A Short History of the World, London 1922.

Wunderer, Hartmann, „Nichts veraltet heute schneller als Wissen“. Probleme und Profile des Geschichtsunterrichts in der gymnasialen Oberstufe, in: Geschichte lernen 68, 1999, 9–16.

Zwecker, Loel, Was bisher geschah: eine kleine Weltgeschichte, München 2010.

Abbildungsverzeichnis